# अरुण कमल



## पचास कविताएँ

*नयी सदी के लिए चयन*

वाणी प्रकाशन

**वाणी प्रकाशन**

*4695, 21-ए, दरियागंज, नयी दिल्ली 110 002*

फ़ोन : +91 11 23273167 फ़ैक्स : +91 11 23275710

**शाखाएँ**

*अशोक राजपथ, पटना 800 004, बिहार*

*कॉफ़ी हाउस कैम्पस, महात्मा गांधी मार्ग, इलाहाबाद 211 001, उत्तर प्रदेश*

*महात्मा गांधी अन्तरराष्ट्रीय हिन्दी विश्वविद्यालय, वर्धा 442 001, महाराष्ट्र*

*सुल्तानिया रोड, मोतिया पार्क, भोपाल 462 001, मध्य प्रदेश*

www.vaniprakashan.in
marketing@vaniprakashan.in
sales@vaniprakashan.in

PACHAS KAVITAYEN
NAI SADI KE LIYE CHAYAN
*by* Arun Kamal

ISBN : 978-93-5000-716-7
Poetry Collection



प्रथम संस्करण 2011
आवृत्ति 2019

मूल्य : ₹ 95



*सिटी प्रेस, दिल्ली-110 095 में मुद्रित*

*वाणी प्रकाशन का लोगो मक़बूल फ़िदा हुसेन की कूची से*

# क्रम

## धार

कौन बचा है जिसके आगे
इन हाथों को नहीं पसारा

यह अनाज जो बदल रक्त में
टहल रहा है तन के कोने कोने
यह कमीज जो ढाल बनी है
बारिश सरदी लू में
सब उधार का, माँगा-चाहा
नमक-तेल, हींग-हल्दी तक
सब कर्जे का
यह शरीर भी उनका बन्धक

अपना क्या है इस जीवन में
सब तो लिया उधार
सारा लोहा उन लोगों का
अपनी केवल धार।

## उर्वर प्रदेश

मैं जब लौटा तो देखा
पोटली में बँधे हुए बूँटों ने
फेंके हैं अंकुर।

दो दिनों के बाद आज लौटा हूँ वापस
अजीब गन्ध है घर में
किताबों कपड़ों और निर्जन हवा की
फेंटी हुई गन्ध

पड़ी है चारों ओर धूल की एक पर्त्त
और जकड़ा है जग में बासी जल

जीवन की कितनी यात्राएँ करता रहा यह निर्जन मकान
मेरे साथ
तट की तरह स्थिर, पर गतियों से भरा
सहता जल का समस्त कोलाहल–
सूख गए हैं नीम के दातौन
और पोटली में बँधे हुए बूँटों ने फेंके हैं अंकुर

निर्जन घर में जीवन की जड़ों को
पोसते रहे हैं ये अंकुर

खोलता हूँ खिड़की
और चारों ओर से दौड़ती है हवा
मानो इसी इन्तजार में खड़ी थी पल्लों से सट के
पूरे घर को जल भरी तसली-सा हिलाती
मुझसे बाहर मुझसे अनजान
जारी है जीवन की यात्रा अनवरत
बदल रहा है संसार

आज मैं लौटा हूँ अपने घर
दो दिनों के बाद आज घूमती पृथ्वी के अक्ष पर
फैला है सामने निर्जन प्रान्त का उर्वर-प्रदेश
सामने है पोखर अपनी छाती पर
जलकुम्भियों का घना संसार भरे।

# होटल

1

सब कुछ यही रहता।
ऐसी ही थाली
ऐसी ही कटोरी, ऐसा ही गिलास
ऐसी ही रोटी और ऐसा ही पानी;
बस थाली के एक तरफ
माँ ने रख दी होती एक सुडोल हरी मिर्च
    और थोड़ा-सा नमक।

2

जैसे ही कौर उठाया
हाथ रुक गया।

सामने किवाड़ से लगकर
रो रहा था वह लड़का
जिसने मेरे सामने
    रक्खी थी थाली।

## यात्रा

रात के अँधेरे में दौड़ती जाती है पंजाब मेल
खिड़कियों से छुट-छुटकर गिरते हैं रोशनी के पट्टे
हवाएँ लौह झंझरियों-सी बजतीं।

तलहथियों की आड़ में बगलगीर मुसाफिर ने
सुलगायी माचिस
और उघारती गयी लौ चेहरे के अनगिनत रहस्य—
कलकत्ते के कारखाने में बहाल
    जलन्धर का एक मजदूर
जा रहा है वापस फिर काम पर,
छूट गया है मुल्क बहुत दूर
बस तलवों में बाकी है
थोड़ी-सी धूल पंजाब की।

दौड़ती जाती है पंजाब मेल—
पच्छिम से पूरब, पच्छिम से पूरब।

"पंजाब तो बहुत खुशहाल है, निहाल सिंह?

सुनते हैं लोग वहाँ दूध और मट्ठे से तर हैं,
        निहाल सिंह?
फिर तुम क्यों जाते हो पश्चिम बंगाल,
        बोलो, निहाल सिंह?"
"कौन नहीं चाहता जहाँ जिस जमीन उगे
मिट्टी बन जाय वहीं,
पर दोमट नहीं, तपता हुआ रेत ही है घर
तरबूज का,
जहाँ निभे जिन्दगी वही घर वही गाँव।"

फैलता जाता है धुआँ
लोहे की छातियों को धोता जाता है धुआँ,
खिड़कियों से झाँकता है पंजाबी मजदूर
दूर अन्धकार गहन गसा अन्धकार
कहीं-कहीं बसे रोशनियों के परिवार
और यहाँ पंजाबियों से भरा हुआ डब्बा
पंजाबी मर्द, पंजाबी लड़कियाँ, औरतें, बच्चे
सब के सब जा रहे हैं वापस फिर काम पर,
ये परिवार मजदूरों के
जूट कारखानों के, लोह कारखानों के

कोई नहीं जानता कब बन्द हो जाएँगी कौन-सी मिलें
किनकी होगी छँटनी, किनकी कटेंगी तनखाहें,
सब रह गए थे घर पर दो-एक दिन फाजिल।

## डेली पैसेंजर

मैंने उसे कुछ भी तो नहीं दिया
इसे प्यार भी तो नहीं कहेंगे

एक धुँधले-से-स्टेशन पर वह हमारे डब्बे में
चढ़ी
और भीड़ में खड़ी रही कुछ देर सीकड़ पकड़े
पाँव बदलती
फिर मेरी ओर देखा
और मैंने पाँव सीट से नीचे कर लिये
और नीचे उतार दिया झोला
उसने कुछ कहा तो नहीं था

वह आ गयी
और मेरी बगल में बैठ गयी
धीरे से पीठ तख्ते से टिकायी
और लम्बी साँस ली

ट्रेन बहुत तेज चल रही थी

आवाज से लगता था
ट्रेन बहुत तेज चल रही थी
झोंक रही थी हवा को खिड़कियों की राह
    बेलचे में भर भर

चेहरे पर
बाँहों पर
खुल रहा था रन्ध्र रन्ध्र
कि सहसा मेरे कन्धे से
लग गया
उस युवती का माथा

लगता है बहुत थकी थी
वह कामगार औरत
काम से वापस घर लौट रही थी
एक डेली पैसेंजर।

## मई का एक दिन

मैं टहल रहा था गर्मी की धूप में—
टहल रहा था अशोक पेड़ की तरह बदलता
अतल ताप को हरे रंग में।

वह कोई दिन था मई के महीने का
जब वियतनाम सीढ़ियों पर बैठा
पोंछ रहा था
खून और घावों से पटा शरीर,
कम्बोडिया जकड़ी सिकड़ियाँ खोलता
गृह-प्रवेश की तैयारियों में व्यस्त था
और नीला आकाश ताल ताल में
फेंक रहा था अपनी शाखें।

ऐसा ही दिन था वह मई के महीने का
जब भविष्य की तेज धाह मेरे चेहरे को
तप्त कर रही थी—
तुमने, वियतनाम, तुमने मुझे दी थी वह ताकत
कम्बोडिया, तुमने, तुमने मुझे दी थी वह हिम्मत

कि मैं भविष्य से कुछ बातें करता
टहल रहा था—
क्या हुआ जो मैं बहुत हारा था
बहुत खोया था
और मेरा परिवार तकलीफों में गर्क था
जब तुम जीते तब मैं भी जीता था।

मैं रुक गया एक पेड़ के नीचे
और ताव फेंकती, झुलसी हुई धरती को देखा—
मैंने चाक पर रखी हुई ढलती हुई धरती को देखा;
और टहलता रहा
टहलता रहा गर्मी की धूप में...

# जीवधारा

खूब बरसा है पानी
जीवन रस में डूब गयी है धरती
अभी भी बादल छोप रहे हैं
अमावस्या का हाथ बँटाते

बज रही है धरती
हजारों तारों वाले वाद्य-सी बज रही है धरती
चारों ओर पता नहीं कितने जीव-जन्तु
बोल रहे हैं हजारों आवाजों में
कभी मद्धिम कभी मन्द्र कभी शान्त

कभी-कभी बथान में गौएँ करवट बदलती हैं
बैल जोर से छोड़ते हैं साँस
अचानक दीवार पर मलकी टॉर्च की रोशनी
कोई निकला है शायद खेत घूमने

धरती बहुत सन्तुष्ट बहुत निश्चिन्त है आज
दूध भरे थन की तरह भारी और गर्म

# धनतेरस

आज धनतेरस है
नये-नये बर्तन खरीदने का दिन
और आज ही हम अपने आखिरी बर्तन लिये
घूम रहे हैं दुकान-दुकान

आने का सवाल क्या
जो कुछ पास था सब जा रहा है

देखो वे कितनी बेरहमी से थकुच रहे हैं
    हमारे पुराने बर्तन
और सजा रहे हैं एक पर एक
    अपने नये बर्तन!

## अमरफल

1

तोते का जुठाया अमरूद दो मुझे
जिसके भीतर की लालिमा फूटती हो बाहर
गिलहरी के दाँतों के दागवाला जामुन दो काला
    अन्धकार के रस से भरा हुआ
पक कर अपने ही उल्लास से फटता
एक फल दो शरीफे का
और रस के तेज वेग से जिस ईख के
    फटे हों पोर
वह ईख दो मुझे
और खूब चौड़े थन वाली गाय का दूध
जिसके चलने भर से
छीमियों से झरता हो दूध

मुझे छप्पन व्यंजन नहीं
    बस एक फल दो
    सूर्य का लाल फल
    अन्धकार का काला फल

जिसे बस एक बार काटूँ
और अमर हो जाऊँ
    वही अमरफल!

**2**

सबसे अच्छे फल थे वे
    जो ऋतु में आये
    जब पौधा था
    पूरे उठान पर

लेकिन सबसे अन्तिम फल ही
    जो पड़े डाल पर ज्वाए
    टेढ़े बाँगुर
अगली ऋतु के लिए सहेजे हमने
    वही अमरफल!

## कथावाचक

हो कोई जो भरे हुँकारी
फिर तो कथा सुनाता जाऊँ
रात-रात भर
कभी न सोऊँ

चाह नहीं कुछ
गाँव नगर में घूम-घूम कर
कथा सुनाता जाऊँ
कहीं पेड़ के नीचे या ओटे पर
विद्यालय में
जहाँ कभी भी जुट जायँ दस लोग
वहीं पर चित्रकूट हो—
कहना सब को सब को लाना
बच्चे बूढ़े नारि सभी को
बीच-बीच में अर्थ
    भी थोड़ा कर दूँगा मैं
हाँ हाँ बेटे...शंख बजेगा, आना

हारमोनियम लिये घूमता देस-देस मैं
कहीं अभी तक जम न सका हूँ
नहीं रही पहले जैसी उत्सुकता मन में
भक्तों के भी
बदला समय भाव भी बदले
एक जून भोजन भी भारी
भक्तों के घर

उत्तर काण्ड समाप्त
अचानक होगा कहीं
किसी अज्ञात गाँव में
कभी अचानक स्वर अँटकेगा कथा सुनाते
कहीं बीच से टूटेगी जीवन चौपाई
अर्थ शेष ही रह जाएगा।

# एकालाप

नहीं, तय तो पहले से कुछ भी नहीं था
ऐसे ही झगड़ा हुआ था और उसने बीच बाजार में
जब मैं अपनी माँ के साथ तरकारी खरीद रहा था
उसने पीछे से आकर मेरा कालर पकड़ लिया
और दो हाथ मारकर भाग गया

मैं उसको खोज रहा था
तीन दिन तक मैं उसको चारों तरफ खोजता रहा
आँख पर वही नाच रहा था
जिधर जाता लगता वही किनारे से गुजरा
लेकिन चौथे दिन मुझको एक प्रेस में काम मिल गया
और मैं शाम को काम से वापस लौट रहा था
कि अचानक चौक से पच्छिम दाहिने,
        गली में मुड़ता हुआ उसका कंधा
झलका
और मैं दौड़ा
और एक ही साँस में
रोड से गली में कूदा

और वह दोनों हाथ से माथा पकड़कर जमीन पर बैठ गया

मैं भागा
भागता गया
लाइन पार किया
मैदान पार किया

फिर सीधा सड़क धरे
हाथ में अभी भी छुरा था
छुरा नाले में फेंका
भागता गया और मौसी के घर पहुँचा
हाथ खून से तर था
हाथ धोया
कपड़ा फेंका
दूसरा कपड़ा पहना नहाया और वहाँ से बस से
चलकर मोकामा में रेल पकड़कर आसाम भाग गया
वहाँ कुछ दिन गिट्टी लादने का काम किया
फिर बोरा में बालू भरने का काम किया तीन रुपया रोज पर
वहीं बालू पर तम्बू में सोता
लेकिन मन बेचैन था
एक दिन क्या मन में आया
घर चला आया होली का दिन था,
दुश्मन तो लगे हुए थे,
और पकड़ा गया।
बारह साल बीत गये
एक जेल से दूसरे जेल में घूमते
अब तो बहुत से लोग पहचानेंगे भी नहीं

पटना तो बहुत बदल गया होगा
वहाँ कदमकुआँ में पान की दूकान थी दोस्त की

सब कुछ खतम हो गया
हम भी कुछ हो सकते थे
बहुत कुछ हो सकते थे
जिसको जाना था वह तो गया ही
हम भी कौन लोक में रहे
सब कुछ खतम हो गया
माँ मर गयी भूख और गम से
छोटा भाई मेरी ही तरह आवारा हो गया
एक ही धोवन में झड़ गयी सारी माड़ी
दो साल और काटना है यहाँ
उसके बाद?
अब कहाँ काम मिलेगा फिर? कौन रक्खेगा हमको?
आदमी धान का बिजड़ा तो नहीं
कि एक खेत से उखाड़ कर दूसरे में रोप दे कोई!

झड़ना था तो खेत में झड़ता
दाई माई चुन लेतीं
झड़ना था तो राह में झड़ता
चिड़िया चुरगुन चुन लेतीं
अब तो खंखड़ हूँ मैं केवल
दाना था सो घुन खा बैठे

# सखियाँ

माथे पर जल भरा गगरा लिये
ठमक गयी अचानक वह युवती

मुश्किल से गर्दन जरा-सा घुमायी
दायाँ तलवा पीछे उठाया
और सखी ने झुककर
खींचा रैंगनी काँट

और चल दीं फिर दोनों सखियाँ
माथे पर जल लिये।

## ईद '82

वो जो कल रात-रात तक बैलूनों का पेड़ लिये बेचते फिरे
वो जो बाँसुरी पिपिहरी कन्धे पर लादे गली-गली घूमे
वो बेवा का बेटा मोअज्जिन जिसकी अजान पर नमाजी
टोपियाँ सँभालते मस्जिदों को दौड़े
और वो खुश लड़कियाँ औरतें जिन्होंने देर रात तक
चूड़ियों की दूकानें गुलजार कीं, बहुत देर बुरका हटाए रहीं
और वो रिक्शा वाले जिन्होंने ईद की सेवइयाँ जुटाने में
रोजा भी छोड़ा—
सब को सब को ईद मुबारक
और उन्हीं के साथ उन्हें भी ईद मुबारक
जो लेबनान में बेघर हैं अब
बम गोलों के धुएँ में जिनको नहीं ईद का चाँद मयस्सर
कन्धों पर बन्दूक उठाए जंगल-जंगल घूम रहे जो
जो माताएँ बच्चों को सीने से साटे
रोटी के टुकड़ों की खातिर ताक रही हैं आसमान को
आज उन्हें भी ईद मुबारक

आज ईद की रात हजारों लोग

भूखे प्यासे बेघर होकर घूम रहे हैं
और समूचा अरब समूची दुनिया देख रही है
चाँद ईद का
चाँद कटा किसके हिस्से का?
चाँद कटा किसके हिस्से का?

किस-किसकी कुण्डी खटकायें
सब दरवाजे बन्द
सब दरवाजे बन्द आज की रात
ईद की रात
कन्धे से झोली लटकाये घूम रहा दरवेश शहर में
सब दरवाजे बन्द।

## बुढ़ापा

**(बादशाह ख़ान के प्रति)**

बुढ़ापे का मतलब है सुबह शाम
खुली हवा में टहलना बूलना
बुढ़ापे का मतलब ताजा सिंकी रोटियाँ
शोरबे में डबो डबो खाना
बुढ़ापा यानी पूरे दिन खाट पर
हुक्का गुड़गुड़ाना, आते जाते
किसी भी आदमी को रोक कर
खैरियत पूछना
बुढ़ापा यानी पूजा ध्यान और तसबीह के दाने
बुढ़ापा यानी पोते पोतियों को गोद में भरे
बैठना निश्चिन्त, परियों के किस्से सुनाना

मगर बुढ़ापे का मतलब बादशाह ख़ान भी है
बुढ़ापे का मतलब
    खुली हवा के लिए
    रोटी और शोरबे के लिए
    दुनिया भर के पोते पोतियों के लिए

गिरफ्तारी जेल और पीठ पर कोड़े
जुल्म के खिलाफ लड़ने की उम्र कभी खत्म नहीं होती
उम्र दराज़ हो तुम्हारी, चिनार देवदारु बादशाह ख़ान
न विवशता न थकान न स्यापा
हो, तो जिन्दगी की नोक हो बुढ़ापा

# नये इलाके में

इन नये बसते इलाकों में
जहाँ रोज बन रहे हैं नये नये मकान
मैं अक्सर रास्ता भूल जाता हूँ

धोखा दे जाते हैं पुराने निशान
खोजता हूँ ताकता पीपल का पेड़
खोजता हूँ ढहा हुआ घर
और जमीन का खाली टुकड़ा जहाँ से बायें
मुड़ना था मुझे
फिर दो मकान बाद बिना रंग वाले लोहे के फाटक का
घर था इकमंजिला

और मैं हर बार एक घर पीछे
चल देता हूँ
या दो घर आगे ठकमकाता

यहाँ रोज कुछ बन रहा है
रोज कुछ घट रहा है

यहाँ स्मृति का भरोसा नहीं
एक ही दिन में पुरानी पड़ जाती है दुनिया
जैसे वसन्त का गया पतझड़ को लौटा हूँ
जैसे बैशाख का गया भादों को लौटा हूँ

अब यही है उपाय कि हर दरवाजा खटखटाओ
और पूछो–
क्या यही है वो घर?

समय बहुत कम है तुम्हारे पास
आ चला पानी ढहा आ रहा अकास
शायद पुकार ले कोई पहचाना ऊपर से देखकर

# सबसे ऊँची छत पर

अनेक मंजिलों के बाद ऊपर सबसे
जो सूनी छत है धूल विष्ठा और झड़े पंखों भरी

चढ़ते चढ़ते पहुँचोगे वहाँ साँस के अन्तिम मोड़ पर
तब मिलेगी धूप से भरी वो छत
और पहली बार तुम्हें लगेगा
जब कहीं भी नहीं है हवा तब भी यहाँ कुछ हवा है–
सिहरेंगे छाती के अधपके केश

अनेक मंजिलों के बाद ऊपर सबसे

सन्नाटा है
सारी आवाजें पृथ्वी की डूब गयी हैं
बस एक हलचल है पाँवों की तट पर–
ऊपर ताको
आकाश इतने पंखों पर तना
हवा इतनी मथी हुई
बिलकुल शीश पर सूर्य
और नीचे कुण्ड का पानी

यहाँ से दिखते हैं घरों के आँगन मुँड़ेर
बरामदे भीतर रसोई तक
पर पहचानना मुश्किल है अपना ही घर
अपना ही मुहल्ला लगेगा अनजान
खुदाई में निकली किसी लुप्त सभ्यता का ध्वंसावशेष

दोनों हाथ मुँड़ेर पर रखे झाँकता हूँ नीचे
तलमलाता घूमता है माथा
खींचता है झग्गर के अंकुशों से कोई
मुझे खींचता है नीचे
हवा अचानक कम फट रहीं नसें—
दरकता धूप में मिट्‌टी का सूखता शरीर—
मेरा सम्पूर्ण रक्त भी मरते पक्षी को नहीं दे पायेगा जीवन
सैकड़ों खटमलों में बदल जाऊँगा बूँद बूँद

शायद ऐसे ही होना हो अन्त

पीछे सीढ़ी की तरफ मुड़ते मुझे डर लगा
कोई छुपा होगा दरवाजे के पीछे
मैं लौटूँगा और वह घूमेगा—
कौन सुनेगा मेरी पुकार उतनी दूर
यह पृथ्वी की सबसे ऊँची छत मेरा दख़मा

सबसे अन्तिम तल पर किसी का निवास नहीं
वही अवसान है घर का झड़े पंखों भरा

सूखे कुण्ड में मूर्ति विसर्जन
से रही हवा पृथ्वी पर जीवन।

## सुख

वास्तुशान्ति नहीं है देवि

यहाँ जो भी रहेगा दुःख भोगेगा
सुख होगा तो शान्ति नहीं
शान्ति तो सुख नहीं
कोई कार्य निर्विघ्न नहीं

इसमें भाग्य का दोष नहीं
न कोई दैवी विधान है
आधारभूमि का कोप है देवि
सब कुछ है फिर भी कुछ नहीं

जहाँ तुम्हारा शयनकक्ष है वहीं
ठीक उसके नीचे याद करो
कोई वृक्ष था जामुन का
नींव पड़ने के पहले
छोटी गुठली वाले काले जामुनों का वृक्ष
वही वृक्ष तुम्हें हिला रहा है

एक पक्षी अभी भी ढूँढ़ता है वही अपना नीड़
वे चींटियाँ खोजती हैं अपना वाल्मीक
इस ब्रह्माण्ड में सबका अधिकार है देवि
और उधर जो दीवार है बायीं ओर
उसके नीचे कुआँ था पति से पूछना
खूब बड़ा पुराना कुआँ जिसका जल
हल्का और मीठा था
एक उद्‌गार था पृथ्वी का तुमने उसे भी
घोंट दिया

और ज़हाँ मुख्य द्वार है वहाँ से
तिर्यक् वाम दिशा में खोदो तो मिलेगा
कंकाल
एक यात्री कभी टिका था यहाँ एक रात
उसके पास कुछ द्रव्य था
यह द्रव्य ही काल हुआ
और वहीं गाड़ी गयी लाश

इस वृद्ध तान्त्रिक से अब और कुछ
न पूछो देवि
कोई मन्त्र कोई उपचार नहीं जानता
मुझे कुछ भी सिद्ध नहीं—
लगता है बरसेंगे देव
रात यहीं रुक जाऊँ देवि?

# एक रात जब मैं सफर में था

'देखा?
अभी जो खट् से बजा
सियार होगा, कोई छोटा जानवर,
कट गया–'

टी. टी. ने गुलूबन्द के भीतर से कहा
मैं अकेला खडा था उसके पास घनी रात में
दरवाजे के पास सामान लिये–
सोया था सारा शयनयान

'फिर बजा!
थोड़ा हल्का इस बार
सियार का बच्चा होगा या कुत्ता,
देखो, फिर बजा खटाक्–
बेचारा बैल खूँटा तुड़ा कर भागा होगा–
सबसे ज्यादा जाड़े और बरसात में कटते हैं जानवर
आदमी भी सबसे ज्यादा मरता है भादों और पूस में
मैं जानता हूँ सब इतना पुराना टी. टी. हूँ जंगली लाइन का–

अच्च! चला गया!–'

'क्या हुआ?'
'कट गया! आवाज वैसी ही थी
इतनी रात में निकला था लकड़ी चुनने!'

'और कितनी दूर है मेरा स्टेशन?'
मैंने थक कर पूछा और बक्स पर बैठ गया!

## बात

एक समय था जब सफर में सबके सामने
कौर भी
उठ नहीं पाता था
और खाने की पोटली बिना खोले
मैं घर लौट आता

छुट्टियों के बाद जब मेरा चेहरा थोड़ा भर जाता
तब मैं दोस्तों से हाथ मिलाते शर्माता
और बाजार में आईने के आगे सिर झुकाए
तेज निकल जाता

अब मुझे क्या हो गया है
बच्चों के सामने कुल्फी चाटता चलता हूँ बीच बाजार
कमीज की बाँह बार बार झाड़ता केश रंगता ब्लू फिल्में देखता
जेब में कंघी हाथ में रूमाल

बीसियों मरे उस मोटर दुर्घटना में
जो बचे वे भी जैसे तैसे

एक मैं ही बचा साबुत
और मैंने यारों को दारू पिलायी इस मौज में—
इसमें आखिर ऐसी क्या बात है?

## अभिसार

प्याज की तेज गन्ध हींग जीरे की कपूर की गन्ध
मुझे किसी औरत की गन्ध लग रही है

अकेले जो रहता है नहीं है अकेले
अदहन में चावल छोड़ते भी नहीं है अकेले
उनकी साँसें छूट गयी हैं यहाँ उनकी छाया
उनकी देह का प्रभा-वलय

मैंने कभी यह घड़ी बन्द नहीं देखी
    जब से आ रहा हूँ
और चाय के प्याले की यह डंटी कितनी साफ है
कितना साफ है शीशे के गिलास में पानी
इतना थिरा थिरा घर उनके हाथों से चाला हुआ

आश्विन का साफ आकाश है
आधा चन्द्रमा से भरा
हवा ताँत से धुनी हुई हल्की

बड़ी अब होने लगी रात
देर तक बैठने के बाद आती है रात
गिरने लगी धूल पर ओस

चारों तरफ परछाइयों के छाप
और संचित सुगन्ध से व्यग्र रात्रिगन्धा

चाहता हूँ एक शाम जब साँकल पीटूँ
तो बहुत फुल्के कोई कुण्डी खोले
और देखू सामने वृन्त पर वही
जिसकी इतने दिन से गन्ध लग रही थी।

## अकेले ताड़ की गाथा

चौर में और कोई पेड़ नहीं
आर पार दौड़ती है हवा एक साँस में

कई बार चाँद
अँटका है मुझमें पूरा का पूरा
और बिजलियाँ घूमती गयीं जैसे सूई में धागा
जर्जर हवा जब मन खड़खड़ा गयी मुझको
अन्धड़ सारा जोर झोंकता उतरा खिन्न

डर लगता है रात में अकेले कभी कभी
तारे दूर दूब भी दूर
कल से मिला है इक गुइयाँ
एक भागता भटकता बूढ़ा जिन्न।

# संयोग

जब सूरत में महामारी फैली
तब जो हजारों लोग वहाँ से लदफद भागे
उनमें हरिनन्दन भी था
जो रास्तेभर भगवान् की कृपा पर चकित रहा
कि कैसे छूटते छूटते उसे यह गाड़ी मिल गयी
और वह गाड़ी एक हजार सात सौ छप्पन किलोमीटर
चलने के बाद एक मालगाड़ी से टकरायी
और एक बार फिर हरिनन्दन भगवान् की असीम कृपा के सम्मुख
नतमस्तक था कि वह बाल बाल बच गया
और बचकर अपने गाँव के स्टेशन लहलह दुपहरिया में उतरा
और रास्ते के धूप और धूल भरे चौर में
लुटेरों से घिर गया
और अब तीसरी बार वह भगवान् की लाख लाख कृपा पर चकित था
कि लुटेरों ने उसकी सन्दूक तो छीन ली जिसमें कुल सात सौ तेईस
रुपये थे और एक जोड़ी कपड़ा पर लाख रुपये की जान बख्श दी
और यही सोचते सोचते वह कच्चे घर के आँगन में
झोलंग खाट पर पड़ा तारे ताकता सो गया

और उसी रात एक गोतिया ने पुश्तैनी दुश्मनी में मौका पा
उसका काम तमाम कर दिया।

कुछ दिनों बाद घोषणा हुई कि सूरत में जो महामारी थी
वह वास्तव में महामारी नहीं थी।

## श्राद्ध का अन्न

**1**

श्राद्ध का अन्न खा लौट रहे तेज कदम
दूर गाँव के ग्रामीण जोर जोर से बतियाते
व्यंजनों का स्वाद मृतक का आचार व्यवहार
लगाते ठहाका
भूँकते कुत्तों को पीछे रगेदते—
लालटेन लगभग जमीन छूती
परछाइयाँ चारों बगल नाचतीं—
उड़ाते धू!

**2**

कठिन है निगलना श्राद्ध का अन्न—
पाँत में बैठना
फिर पोरसन का इन्तजार
फिर कौर उठाना सामने मृतक के पिता के
कठिन है कण्ठ के नीचे उतारना

कोई भीतर दोनों हाथों से ठेल रहा है निवाला

अवरुद्ध है कण्ठ
मुँह चल नहीं पाता
बरौनियाँ हिल नहीं रहीं
पालथी में भर गयी जाँघ—
सामने खड़ा है मृतक हँसता
पूछता, कैसी है बुँदिया कैसा रायता?

## रात का ढाबा

ऐसे अब भी हैं बहुत यहाँ
      जिन्हें चाहिए रोशनी रात में
अब भी हैं बहुत यहाँ
      जो टिमटिमा रहे अकेले निहंग एक छोर
      दीप्त बादलों के पार
छाती में बन्द पारे की बूँद
      शीत हो या ताप

चौड़ी हो रही हैं सड़कें
चढ़ रही है रात धीरे धीरे
आ रहे होंगे ईरानी लड़के-लड़कियाँ
अकेला विधुर केंचुल में लिपटा
आ रही होगी वो युवती मीनाबाजार सी
आयेंगे रात की पाली के छूटे मजदूर
      जोर जोर से बोलते
आकर बैठेगा बेंच पर सफर में फँसा अनजान राहगीर
बैठा रहेगा देर तक वो जिसे भोर में बेचना है खून

जब सारे फूल मूँदते हैं अपना शरीर
ठीक तब खुलते हैं फूल कुछ रात में
बिलों से निकलती है मर्म की मिट्टी
प्रगट होता है छुपा हुआ जल पत्ती की नोक पर
जब ठण्डे हो रहे होते हैं सारे चूल्हे
तब पूरे ताव पर होता है रात का ढाबा

कुछ धुँवा धुँवा लग रहा है
चाँद पीछे ढह रहा है

सोचा भी न था कि मिलोगे तुम यहाँ
कि इतने दिन पर देखूँगा चेहरा तुम्हारा
    भट्ठी की धाह में उठता गिरता

गिर रही ओस बदन तप रहा है
चाँद पीछे ढह रहा है।

## सोये में चलना

कल जिससे जेल में मैं मिला
वह मेरे रोने पर भी रहा शान्त आवेगहीन
जरा भी कँपा नहीं मानो गहरे तालाब के बीच में खम्भा–
कुछ ऐसा था उसमें जो केवल उनमें होता है
जो पापी नहीं बस भागी हैं पाप के

क्या सच क्या झूठ
क्या सही क्या गलत
कहाँ जल कहाँ थल
      समझ नहीं पाता
लगातार रोशनी है जहाँ
वहाँ न सन्ध्या जान पाता हूँ न प्रात
फिर भी वह वेला मैं ढूँढ़ रहा हूँ
जहाँ प्रकाश की पंखुड़ियाँ खुल रही हैं
अन्धकार के नाल पर
वह वेला जब उठते हैं सप्तपर्णी में गन्ध के भँवर
वह गर्भवती युवती जो एक भी है दो भी
जिसके उर में छत्ता है शहद का

जिसका आनन शरद का आकाश
और मैं इतने काटकूट से भरा इतना गिजबिज
इतने खरीदारों ने अपनी निब जाँची मुझ पर
इतने तरह से बुकड़ा इतनी धारियाँ इतने दस्तखत
कि जरा भी साफ जगह अब नहीं

बिलकुल निहत्था पर हाथ बिना ऊपर उठाये
मैं हत्यारों से मिलने जाना चाहता हूँ
लाल मखमल की खाली म्यान लिये
आबनूस की नक्काशीदार बेंट लिये—
जिस तलवार ने सैकड़ों कत्ल किये
उस पर भी कितनी सुन्दर नक्काशी थी—
केवल शब्दों का फाहा लिये
जाना चाहता हूँ उसकी तरफ से
जो सबसे कमजोर है
जो अपने कौर के लिए भी हाथ उठा नहीं सकता
जो न शासक बनना चाहता है न शासित
पर जो लक्ष्य है केवल लक्ष्य वीर धनुर्धरों का
दीवार पर लाल धब्बा या मछली की आँख की पुतली
या बस पत्तागोभी पत्तों को पत्तों में छुपाए
आलोकित स्वयं जैसे संजीवनी बूटी

बिना कुछ बोले
मैं लौट आता हूँ उसके घर
जहाँ फाँसी के हुक्म का इन्तजार कर रही है
एक बहुत बूढ़ी माँ!

## जैसे

जैसे
मैं बहुत सारी आवाजें नहीं सुन पा रहा हूँ
चींटियों के शक्कर तोड़ने की आवाज
पंखुड़ी के एक एक कर खुलने की आवाज
गर्भ में जीवन बूँद गिरने की आवाज
अपने ही शरीर में कोशिकाएँ टूटने की आवाज

इस तेज बहुत तेज चलती पृथ्वी के अन्धड़ में
जैसे मैं बहुत सारी आवाजें नहीं सुन रहा हूँ
वैसे ही तो होंगे वे लोग भी
जो सुन नहीं पाते गोली चलने की आवाज ताबड़तोड़
और पूछते हैं—कहाँ है पृथ्वी पर चीख?

## घोषणा

मैंने गौर से देखा और पाया कि राष्ट्र के प्रधान के
    जीवन में नींद नहीं

मंत्रिमंडल की बैठक हमेशा देर रात
हर जरूरी फैसला आधी रात के बाद
फौज की तैनाती का हुक्म ढाई बजे रात
विरोधियों की नजरबन्दी का आदेश पौने तीन
चीनी पर टैक्स बढ़ाने का फैसला मध्य रात्रि के इर्द गिर्द
विदेश यात्रा की उड़ान रात दो बजे
विदेशी मेहमान का विमानपत्तन पर स्वागत तीन बजे
हत्यारों से मन्त्रणा किसी भी क्षण
    जीवन में नींद नहीं

राजा चुपके से काटता है चक्कर रात में
नये नये भेस में अलग अलग घात में
जो सोये उनके माथे से तकिया खींचता
फेंकता खलिहान में लुकाठी
मसोमात के खेत से मूली उखाड़ता

खोलता बदरू की पाठी
गुद्दा गटक फेंकता आँगनों में आँठी
    जीवन में नींद नहीं

माना कि वहाँ बहुत उजाला है
फिर भी रात में रात तो है ही
और इधर आलम ये कि नौ बजते बजते ढेर
और दस तक तो देह के सारे पुरजे खोल
मैं विसर्जित हो जाता हूँ महासमुद्र में

सो, मैं भारत का एक नागरिक, एतद् द्वारा घोषणा करता हूँ कि
नींद
मुझे राष्ट्र के सर्वोच्च पद से ज्यादा प्यारी है।

## शेली के प्रति

**(दो सौवीं वर्षगाँठ पर)**

फहरा रही है पछया हवा में
स्वाधीनता की जर्जर पताका
दुनिया की विधानसभाओं से बहिष्कृत
खड़े हैं कवि भग्नमूर्ति के पास नंगे पाँव

विफल हो चुका दासों का विद्रोह
रौंदा जा रहा है पवित्र गर्भगृह
स्पार्टाकस मारा गया मारा गया प्रमथ्यु
झोंका गया आग में जिन्दा
जो बैकुण्ठ से चुरा कर लाया था आग

आज तुम्हारे जन्मदिन की रात
बहुत अन्धकार है और एक भी मोमबत्ती
नहीं मेरे पास
अपनी पीठ के सिवा नहीं कोई टेक
अपनी आँख के सिवा न कहीं प्रकाश
जीवित होना आज बहुत बड़ा भार है
युवा होना भीषण अभिशाप

मेरे भी सब केश पक चुके हैं करीब करीब
पर आत्मा का एक भी केश सफेद नहीं
अभी भी बचा है वक्ष पर मांस का अन्तिम कौर

फहरा रही है जर्जर चील पछया हवा में।

# जीवन का चौथाई

गाँधी मैदान में भारी भीड़ थी। झण्डे थे। बन्दनवार थे। गत्ते के बड़े बड़े बादशाह बेगम गुलाम। जैसे दशहरे में रावण। वध के समय बड़े-बड़े पुतले। बीचों बीच सभा चल रही थी। खूल लोग थे। खूब लोग गिरे थे। महामारी थी। कहते हैं गाँव के गाँव खाली हो गये थे। जोर जोर से भाषण चल रहा था। राजनीति इतनी कड़ी चल रही है कि हँसना बोलना हगना मूतना सब में राजनीति है। लगा माथा घूम जायेगा। मार काट की बात हो रही थी। भाषण से साफ था कि दुश्मन के सारे लक्षण मुझमें विद्यमान हैं। लगा कोई मुझे ताक रहा है। किसी ने पहचाना और सैकड़ों गरदनें मेरी तरफ घूम गयीं। मैं भागा। भागा।

मैदान के भीतर किनारे किनारे चारों तरफ पेड़ों का घेरा है। भागता उधर आया। पेड़ों के नीचे छाँह में ठण्डक थी। गुलमोहर इतने खिले थे कि उनके फूलों से पेड़ों के नीचे की मिट्टी लाल थी। छाया तक लाल। आवाज आ रही थी। इन्तजाम इतना पक्का था कि जो लोग घर पर रह गये थे उन तक भी आवाज जा रही थी। अस्पताल, सौरि-मसान, अस्तबल, पाखाना हर जगह। कोई बचने न पावे। थोड़ी देर खड़ा रहा। मुझे चक्कर आ रहा था।

आगे बढ़ा किनारे किनारे। थोड़ा फाँका मिला। अब मैदान के चारों

ओर जो घेरा है उसका इलाका शुरू हुआ।

जीवन का चौथाई। मूँगफली बेचने वाले, कुल्फी ठेले वाले, झाल-मूढ़ी वाले, मिलने लगे। राहगीर, भिखमंगे, निठल्ले, शोहदे, एक दो मरीज। कहीं पेड़ के नीचे चम्पीवाला एक पतले दुबले आदमी की मालिश कर रहा था। कहीं कोई कान का खोंट निकलवा रहा था। लेकिन कान लगातार भर रही थी। इतनी आवाज थी। कोई पहलवान मर्दाना कमजोरी दूर करने की पुड़िया बेच रहा था। वहाँ अच्छा मज़मा था। पास ही पानदरीबाँ कचौड़ी गली की किताबें पसारे एक अधेड़ ढेर से गाहकों को निपटा रहा था। पत्थर की टूटी बेंच पर एक नौजवान छाती पर प्रतियोगिता पत्रिका धरे सो गया था।

दो बूढ़े धीरे धीरे अपनी बहुओं की शिकायत कर रहे थे। एक कोने में भागवत चल रहा था। कुछ लड़के बची हुई जगह में फुटबॉल खेल रहे थे और आश्चर्य कि कुछ दर्शक इस मैच को भी मिल गये थे। आवाज लगातार आ रही थी। एक नया जोड़ा बेंच पर बैठा मूँगफली खत्म करके नमक चाट रहा था। कुछ बात पर हँसता। मैं थोड़ा रुक गया। उन्हें निहारता रहा, थोड़ा आगे पीछे होता ताकि उन्हें न लगे मैं उन्हें देख रहा हूँ। पर वे उठ गये। साँस की भाप पहचान में आ गयी।

# चरथ भिक्खवे चारिकं

टूट चुकी है मेरी नौका
तटों पर बिखरा है मलबा

चलते ही चलना है मेरा भाग्य
जंगलों के बीच रास्ता बनाता
हाँकता रेवड़
किसी नदी नाले झरने किनारे
खूँटा गाड़ता
पूरी पृथ्वी हाथों से लीपता

आज भी जब किसी मोड़ पर दिखते हैं बंजारे
हवा में लहरता घाँघरा
मैं काँपने लगता हूँ
थरथराते हैं देह के बुरादे घूर्णों से भरे
वही है उत्तर दिशा
वही है मेरा विलुप्त महादेश—
जैसे हाथी अपने पुराने जंगल को याद करता है
वैसे ही कोई हवा मुझे चाँड़ती है—

रात में दूर किसी ट्रेन की सीटी
साफ आकाश में चाँद
किसी ट्रक की घूमती घूमती हेडलाइट
पैरों की धूर
    पुकारती है मुझे
चैत की हवा सी घुमाती कभी यहाँ कभी वहाँ
अन्तिम ठोप तक ऐंठती गारती

चक्कर है मेरे पाँवों में
मेरा शरीर एक बवंडर–
जिसने हरदम खूँटा तोड़ा
उस बैल की चमड़ी का जूता–
मेरे लिए नहीं कोई चतुर्मास
न आश्विन की पूर्णिमा की प्रवारणा
एक बार कथा बैठाकर
उठ भी तो नहीं सकता
टूट चुकी है मेरी नौका

अकेला पड़ता जा रहा हूँ रोज
भाप बन रहा है बचा हुआ जल
बहुत खाली लगा इस बार सिन्धु का नगर
स्मृति भी साथ छोड़ रही है
बहुत यत्न पर देखता हूँ उठता हुआ धुआँ
    हवा का थक्का
और किसी पत्तन सराय में
देह-भित्ति की भंगुर टेक–
इतना चले मेरे पाँव

पर चलने में आधा तो रुका ही रहा
एक पैर उठा तो एक पैर स्थिर

गैंडे के सींग की तरह अकेला चलता चलूँगा
दो घरों से अन्न उठाता—
देवदारु से ढँके ढलान और चोटियाँ अकेली—
वहीं एक निर्जन शिखर पर देखा था नर कंकाल—
हिम दूर तक हिम
हवा बहुत पतली फिर खड्ड फिर अजपाद होते
मंझा सूत सी पहाड़ी नदी पार कर
पड़ेगी एक बस्ती
जहाँ मुझे जाना है ढूँढ़ने खण्डित मूर्तियाँ

कहाँ हैं वे खण्डित मूर्तियाँ
कहाँ है वह आँख से छिटकी हुई ज्योति
तटों पर बिखरा है मलबा

बर्फ मढ़े शिखर पर थोड़ा सुस्ता
फिर फड़फड़ा रहे हैं मेरे पंख
फिर सूर्य को इतने समीप पा—
शिखर छू वापस मैदानों में लौटने की इच्छा—
फिर वही हवा चैत की फिर वही धरती कदम्ब का फूल
जो बसी है हवा सृष्टि की पहली हवा मेरे फेफड़ों में
उसे किसी वृक्ष के कोटर में रख दूँ

हिम दूर तक हिम
यहाँ अच्छा लग रहा है

सूख रहा है पसीना
अलग हो रहा है रोआँ रोआँ
ढेले सा भरक रहा है शरीर
अच्छा लग रहा है यहाँ बैठे रहना–
हिम दूर तक हिम ही हिम और देवदारु
ओफ्फ, मैं भूल ही गया था
मुझे एक छट्ठी में जाना है
और एक श्राद्ध में!
**(राहुल सांकृत्यायन के यात्रा पर्यवेषणों पर आधारित)**

# पुतली में संसार

और मैं देखता हूँ, तो मुझे केवल पुतली नहीं
पूरी आँख दिख रही है गुरुदेव
और मछली और वह खम्भा
और आकाश और आप और ये सब जन धनुर्धर
इतनी भीड़ इतनी ध्वनियाँ
और मैं तो केवल नीचे ताक रहा हूँ, तेल के कुण्ड में
फिर भी पूरा आकाश घूमता लग रहा है
और मुझे मछली की पुतली में घूमती
एक और छवि दिख रही है देव
किसकी छवि है यह
मछली किसे देख रही है
और कोई मुझे उसके भीतर से देख रहा है
मेरी पुतली पर इतनी छायाएँ
इतनी बरौनियों इतनी पलकों की अलग अलग छाया
मुझे मछली की नदी की गन्ध लग रही है देव
मेरी देह में इतनी गुदगुदी
इतने घट्ठों इतने ठेलों भरी देह में यह कैसा कम्पन
मैं सारे मन्त्र भूल रहा हूँ

सारी सिद्धि निष्काम हो रही है
ढीली पड़ रही हैं उँगलियाँ
पसीने से मुट्ठी का कसाव कम
मेरे पाँव हिल रहे हैं
कण्ठ सूख रहा है–
मुझे तो देखना था बस आँख का गोला
और मैं इतना अधिक सब कुछ क्यों देख रहा हूँ देव!

## स्वप्न

वह बार बार भागती रही
ज्यों अचानक किसी ने नींद में पुकारा
कभी किसी मन्दिर की सीढ़ी पर बैठी रही घण्टों
और फिर अँधेरा होने पर लौटी
कभी किसी दूर के सम्बन्धी किसी परिचित के घर
दो चार दिन काटे

कभी नैहर चली गयी
हफ्ते माह पर थक कर लौटी
हर बार मार खा भागी
हर बार लौट कर मार खायी
जानती थी वो कहीं कोई रास्ता नहीं है
कहीं कोई अन्तिम आसरा नहीं है
जानती थी वो लौटना ही होगा इस बार भी
गंगा भी अधिक दूर नहीं थीं
पास ही थीं रेल की पटरियाँ
लेकिन वह जीवन से मृत्यु नहीं
मृत्यु से जीवन के लिए भाग रही थी

खूँटे से बँधी बछिया-सी जहाँ तक रस्सी जाती, भागती
गर्दन ऐंठने तक खूँटे को डिगाती
वह बार बार भागती रही
बार बार हर रात एक ही सपना देखती
ताकि भूल न जाये मुक्ति की इच्छा
मुक्ति न भी मिले तो बना रहे मुक्ति का स्वप्न
बदले न भी जीवन तो जीवित बचे बदलने का यत्न।

## सूचकांक

पहले एक किताब की दुकान पर काम पकड़ा
हफ्ते भर रहा फिर बैठ गया
बोला, मन नहीं लगा;
जब रात भर पेट गुड़गुड़ाया तो फिर एक प्रेस में लग गया
और कोई दस दिन बाद मुझे मन्दिर की सीढ़ी पर मिला
मालिक जल्लाद था, बोला;
तब विद्यार्थियों के लिए टिफिन ढोने लगा बाँस के डण्डे पर
और चौथे ही दिन अण्डा चुराने के इल्जाम में वापस
सड़क पर;
फिर एक कूरियर सर्विस में घुस गया
और भूत की तरह बारह दिन साइकिल रौंदने और
सैकड़ों फ्लैटों की घण्टियाँ बजाने के बाद
उसे अचानक लगा कि वह सिर्फ खुराकी पर खट रहा है
तो एक दिन मय चिट्ठियों के चम्पत हो गया;
फिर तो कई काम किये, छोड़े, किये छोड़े
मारा मारा फिरा एक दो बार घायल भी हुआ पता नहीं कैसे,
एक दिन अस्पताल में मिल गया बिस्तर पर पड़ा पड़ा
खिड़की से पुकारा

पर प्यारे ने हिम्मत नहीं हारी
हाथ पाँव मारता रहा
आखिर एक दारू भट्ठी में जुगाड़ लगा
और यहाँ वह टिक गया
शरीर भी अब गोटा गया
फूट से दो दो कमीजें खरीदीं, एक सफेद एक धारी वाली
एक काला चश्मा
और एक कैप जिसे कॉलेजिया लड़कों की तरह उल्टा पहनता
और एक लड़की भी देख ली रिश्ते में
तभी एक दिन देखा उसे मैंने
पटने के अशोक राजपथ पर
अगल बगल सिपाही
कमर में रस्सा!

# उधर के चोर

उधर के चोर भी अजीब हैं
लूट और डकैती के अजीबो गरीब किस्से–
कहते हैं ट्रेन डकैती सात बजते बजते सम्पन्न हो जाती है
क्योंकि डकैतों को जल्दी सोने की आदत है
और चूँकि सारे मुसाफिर बिना टिकट
गरीबगुरबा मजदूर जैसे लोग ही होते हैं
इसलिए डकैत किसी से झोला किसी से अँगोछा चुनौटी
खैनी की डिबिया छीनते-झपटते
चलती गाड़ी से कूद रहड़ के खेत में गुम हो जाते हैं;
और लूट की जो घटना अभी अभी प्रकाश में आयी है
उसमें बलधामी लुटेरों के एक दल ने दिनदहाड़े
एक कट्ठे खेत में लगा चने का साग खोंट डाला
और लौटती में चूड़ीहार की चूड़ियाँ लूट लीं;
लेकिन इससे भी हैरतअंगेज है चोरी की एक घटना
जो सम्पूर्ण क्षेत्र में आज भी चर्चा का विषय है–
कहते हैं एक चोर सेंध मार घर में घुसा
इधर उधर टो-टा किया और जब कुछ न मिला
तब चुहानी में रक्खा बासी भात और साग खा
थाल वहीं छोड़ भाग गया–
वो तो पकड़ा ही जाता यदि दबा न ली होती डकार।

## मातृभूमि

आज इस शाम जब मैं भींजता खड़ा हूँ आसमान और धरती के
बीच
तब अचानक मुझे लगता है यही तो तुम हो मेरी माँ मेरी मातृभूमि
धान के पौधों ने तुम्हें इतना ढँक दिया है कि मुझे रास्ता तक नहीं
सूझता
और मैं मेले में खोये बच्चे सा दौड़ता हूँ, तुम्हारी ओर
जैसे वह समुद्र जो दौड़ता आ रहा है छाती के सारे बटन खोले
हहाता
और उठती है शंखध्वनि कन्दराओं के अन्धकार को हिलोड़ती
वे बकरियाँ जो पहली बूँद गिरते ही भागीं और छिप गयीं पेड़ की
ओट में
सिन्धु घाटी का वह साँड़ चौड़े पट्टे वाला जो भींगे जा रहा है पूरी
सड़क छेंके
वे मजदूर जो सोख रहे हैं बारिश मिट्टी के ढेले की तरह
घर के आँगन में वो नवोढ़ा भींगती नाचती
और काले पंखों के नीचे कौवों के सफेद रोंये तक भींगते
और इलायची के छोटे छोटे दाने इतने प्यार से गुत्थमगुत्था
ये सब तुम्हीं तो हो

कई दिनों से भूखा प्यासा तुम्हें ही तो ढूँढ़ रहा था चारों तरफ
आज जब भीख में मुट्ठी भर अनाज भी दुर्लभ है
तब चारों तरफ क्यों इतनी भाप फैल रही है गर्म रोटी की
लगता है मेरी माँ आ रही है नक्काशीदार रूमाल से ढँकी तश्तरी में
खुबानियाँ अखरोट मखाने और काजू भरे
लगता है मेरी माँ आ रही है हाथ में गर्म दूध का गिलास लिये

ये सारे बच्चे तुम्हारी रसोई की चौखट पर कब से खड़े हैं माँ
धरती का रंग हरा होता है फिर सुनहला फिर धूसर
छप्परों से इतना धुआँ उठता है और गिर जाता है
पर वहीं के वहीं हैं घर से निकाले ये बच्चे तुम्हारी देहरी पर सिर
टेक सो रहे माँ

ये बच्चे कालाहांडी के
ये आन्ध्र के किसानों के बच्चे ये पलामू के पट्टन नरौदा पटिया के
ये यतीम ये अनाथ ये बँधुआ
इनके माथे पर हाथ फेर दो माँ
इनके भींगे केश सँवार दो अपने श्यामल हाथों से—
तुम किसकी माँ हो मेरी मातृभूमि?
मेरे थके माथे पर हाथ फेरती तुम्हीं तो हो मुझे प्यार से तकती
और मैं भींज रहा हूँ
नाच रही धरती नाचता आसमान मेरी कील पर नाचता नाचता
मैं खड़ा भींजता बीचोंबीच।

## शाम

यों ही जब शाम होगी
रोशनी की छाप होगी
धूप तब तक गर चुकी होगी
हवा टुक उतर पेड़ों से हमें चुप घेर लेगी
जल नदी का तै नहीं कर पाएगा कि क्या करे उन खुले पालों का
जब सोचता ठिठका रहेगा फल कि पहले कहाँ से कर दे शुरू
पकना
जब इक साँवरी भार देती स्तनों पर खोल देगी पाट दोनों खिड़कियों के
हिलेगा नाक का मीना
मूँद लेगा आँख पोखर गोल नभ में नींद
जब भीड़ होगी पक्षियों की ठीक माथे पर
छिंटेगा एक तारा
और मुँह पर हवा पाँखों की
झोर देगी वृद्ध बरगद को जड़ों तक
जब आखरी लड़के गेंद लुढ़काते घरों को फूटते होंगे
जोर की आवाज गप की छूटते मजदूर धाहें ईंट भट्ठों की
और फिर एक दम सन्नाटा
तब अकेले मैं निकल

फिर उन्हीं घबरायी सड़कों पर
तेज चल कुछ फिर ठहरता साँस लेने
सोचता कि किधर जाना है
किसी के घर कि किसके घर
कि यों ही...

## मेख

मेरे दिल में इतनी मेखें हैं
कि तन सकते हैं प्यार के हजार शामियाने
पर हाय जिस किसी काग को बनाया कासिद
वही कंकाल पर ठहर गया

पूर्णिमा का चाँद यह
घुमाता है मुझको चाक पर अपने
घुमाते घुमाते एकदम छोड़ता हाथ
मैं गिरता हवाओं पे उघरता खुलता

मैं तुम्हें सोचता हूँ बहुत
जल रही लालटेन सूखी लिपी भूमि पर
और तुम देख रहीं धूर की परछाईं
और तुम देख चमक रहीं शीशे सी
यहाँ तो बादर हैं चारों तरफ
भीतर धुन्ध सालों से ठहरा
रात भर बैठ चली गयीं भेंड़ें
खाली खेत फिर वही शीत

सबसे छुपा बाँधता हूँ रोज पट्टियाँ चुपचाप
देखता हूँ घाव अपने खोलकर हर रात।

**(शाह लतीफ को पढ़ कर)**

## अनुभव

और तुम इतना आहिस्ते मुझे बाँधती हो
जैसे तुम कोई इस्तरी हो और मैं भींगी सलवटों भरी कमीज
तुम आहिस्ते आहिस्ते मुझे दबाती सहला रही हो
और भाप उठ रही है और सलवटें सुलट खुल रही हैं
इतने मरोड़ों की झुर्रियाँ—
तुम मुझमें कितनी पुकारें उठा रही हो
कितनी बंशियाँ डाल रही हो मेरे जल में
मैं जल चुका कागज जिस पर दौड़ती जा रही आखिरी लाल चिंगारी
मैं तुम्हारे जाल को भर रहा हूँ मैं पानी।

# आश्विन

ऐसा क्या है इस हवा में
जो मेरी मिट्टी को भुरभुरा बना रहा है
धूप इतनी नम कि हवा उसे
सोखती जाती है पोर पोर से
सिंघाड़ों में उतरता है धरती का दूध
और मखानों के फूटते लावे हैं हवा में
धान का एक एक दाना भरता है
और हरसिंगार खोलता है रात के भेद;
चारों तरफ एक धूम है
एक प्यारा शोरगुल रोंओं भरा।
इसी दिन का तो इन्तजार था मुझको
इसी नवरात्र के प्रहर का
आकाश इतना नीला गूँज भरा
शरीर इतना साफ निथरा,
ये हवा जो रोंओं को उठा रही है
ये हवा जो मुझे खोल रही है
जैसे मैं फूल हूँ अगस्त्य का
इतनी इच्छाएँ ऐसी लालसा
मैं भर जाता हूँ जौ के अंकुरों से।

## राख

शायद यह रुक जाता

सही साइत पर बोला गया शब्द
सही वक्त पर कन्धे पर रखा हाथ
सही समय किसी मोड़ पर इन्तजार

शायद रुक जाती मौत

ओफ! बार बार लगता है मैंने जैसे उसे ठीक से पकड़ा नहीं
गिरा वह छूट कर मेरी गोद से
किधर था मेरा ध्यान मैं कहाँ था

अचानक आता है अँधेरा
अचानक घास में फतिंगों की हलचल
अचानक कोई फूल झड़ता है
और पकने लगता है फल

मैंने वे सारे क्षण खो दिये

वे अन्तिम साँस के क्षण
अपनी साँस उसके होठों में भरने के झण
भरी थीं सारी टंकियाँ जब वह एक घूँट पानी को
तड़पा इतनी हवा थी चारों ओर
उस समय क्या कर रहा था मैं
याद करो तुम क्या कर रहे थे उस वक्त
मुझे सोना नहीं था नहीं
मुझे अपनी पलकें अंकुशों से खींचे रखनी थीं
मैं चीख तो सकता था मैं रो तो सकता था जोर से
मेरे तलवे काँपते तो भूकम्प से

जिसमें इतनी आग थी
उसकी इतनी कम राख!

## शिविर

**(जम्मू से लौटते हुए)**

‘शरणार्थी शिविर अब इस बार नहीं जा पाएँगे।
मन तो बहुत था। पर ठण्ड लग रही है। ललाट तप रहा है।
ये कैसी हवा है यहाँ?’

‘आप और कम्बल डाल लो। लेट जाओ।’

मै झुक रहा हूँ।
मैं पाला लगे खेत सा झुक रहा हूँ।
बदन गनगना रहा है। आँखें झिप रही हैं।
लगता है गिर जाऊँगा इस अजनबी शहर में।
मेरा घर यहाँ से एक हजार सात सौ सत्तर किलोमीटर दूर है।

शरणार्थी शिविर अब इस बार नहीं जा पाएँगे।
घर से सोच कर तो चला था।

कितनी ठण्ड है अभी भी माघ में यहाँ।
‘शिविर में प्रबन्ध है?’
‘ज्यादातर तो लू से मरे—गर्मी से—मधुमेह बहुत है इधर
मैं तो इसी एक कोठरी में रहा कई साल पूरे परिवार के साथ।’

मैंने कहवा पिया।
आज देवी सरस्वती का कोई व्रत था। वितस्ता का जन्मदिन शायद।
राजी रहो बेटा, माँ ने कहा।
दोस्त ने सामान उठाया।
मैं ठीक से प्रणाम भी न कर सका गृहलक्ष्मी को।

पटना में अपना घर है आपका?
नहीं।
गाँव पर?
नहीं।
फिर?
मेरा कण्ठ सूख रहा है
शरणार्थी शिविर अब इस बार रह गया।

और स्टेशन के पहले हमारा ऑटो दो बार रोका गया।
अचानक तेज टॉर्च। खोजबीन। तलाशी।
कुछ बोलो मत। चुपचाप उतर लो। दोनों हाथ ऊपर।
मेरी गाड़ी छूटेगी तो नहीं?
जो हो, बोलो मत। शक तो सब पर है। खतरा भी।

इस ठण्ड में मेरा शरीर खेतों के बीच अलाव सा जल रहा है
'जो प्रेम करता है उससे ज्यादा शरणार्थी कोई नहीं
याद रखे बन्दे, इस दिल से बड़ा कोई शिविर नहीं'—
किसकी कविता याद आयी बेसाख्ता। लगता है ज्वर बढ़ रहा है।

तुम देर न करो दोस्त लौट जाओ।
जितनी जल्द घर पहुँच लो उतना अच्छा।
मैं तो रास्ते में हूँ ही।

## बच्चों के डॉक्टर की मौत पर

छोटी सी खबर थी
बच्चों की दवा-खुराक जैसी छोटी खबर
और उतनी ही छोटी
शवयात्रा भादों की उस सुबह

तुम्हें याद भी है वह चेहरा
धूल में लकीरों से भरा
मुलायम तलहथियाँ और
पपोटों के नीचे बेचैनी
और कान में तेज धड़कते
दिल की खटखट?
कौन जानता है उसका नाम फिर
कीचड़ में फँसी उसकी गाड़ी का नम्बर
याद है किसे द्वारपाल का चेहरा?

कभी उसने कहा नहीं कि उसे सबसे सुन्दर लगीं
वे औरतें जो पहली बार माँ बनीं
और आयीं उसके पास दूध से भरी हुईं

उसे हमेशा आश्चर्य हुआ कि कैसे
बच्चे को देखते उच्छृंखल बाप भी इतना बेचैन हो जाता है
    जैसे हवा भरी गेंद
वो क्या है इस बिलबिलाती भंगुर देह में
जो आदमी को पागल कर देता है
जो नहीं था अभी अभी और अभी है
उसके लिए अचानक इतना तूफान हाहाकार
यह उगता हुआ दाँत यह जीवन नाखून की कतरन
कितनी है जीवन की लागत

वे बच्चे फिर कभी आये नहीं उसके पास
वे माँएँ भी नहीं
वह भी तो फिर किसी को पहचान नहीं पाया
और तुम भी तो नहीं
वे सब तुम्हारे लिए छोटे पड़े कपड़े ही तो हैं
देह से छोड़े हुए
मुण्डन में गिरे पहले केश।

## सेवक

लगता है अभी भी वह साँस मेरे भीतर घूम रही है
वही डूबती आँख मुझे पीछे से ताक रही है
और मेरे कदम तेज हो जाते हैं।
कितनी ही रातें इसी तरह मैंने जग कर बितायीं
उन बीमार, अपाहिज मरते हुए लोगों के साथ
जिनके लोग उन्हें छोड़ कहीं और चले गये
या जो बगल के कमरे में सोते रहे सट कर
और सुबह मुझे रात भर सेवा के बदले पैसे थमाते
दरवाजे भिड़ा लिए धूप से आँखें बचाते
और रात इतनी लम्बी इतनी घनी अनहोनी होती है
मैंने पहली बार जाना उन मरीजों के सिरहाने बैठ कर
दर्द से ऐंठते बार बार कण्ठ भिंगोते
किसी के इन्तजार में ताकते आखिरी बूँद तक सूखते
कभी जब वे सो जाते खुले मुँह उनके दाँत चमकते रात में
और तब लगता मैं उनके कितना करीब आ गया हूँ
जिसके माथे पर हाथ धरे तुम रात भर जगते हो
उसके लिए तुम्हीं हो सबसे करीबी
जिसकी देह तुमने धोयी पोंछी उसके लिए तुम्हीं हो

रक्त के सबसे नजदीक, पुराने अखबारी कागज सी देह
सुबह जब उठकर जाने लगता तब वे इस तरह देखते
जैसे उनका जहाज छूट रहा हो
मुझे वो बुजुर्गवार कभी नहीं भूलता जिसके बच्चे विलायत में थे
और जो बिल्कुल अकेला अपने फ्लैट में
जौ के दानों से दिन गिन रहा था
कोई वैसी बीमारी न थी बस वह बूढ़ा और अकेला था
तभी मैं उसकी सेवा में आया
और धीरे धीरे उसने मुझे घेर लिया
वह कभी रोता न था न कभी मुझे कुछ करने को कहा
बस वह रात भर जगा रहता छज्जे में आरामकुर्सी पर बैठा
चाँद उसको प्रिय था और तारे
और लाल कनेल की गन्ध से भारी हवा
और कई प्याली चाय
वह मेरी गोद में मरा था शान्त जैसे कोई फूल झड़ता है–
कोई भी काम मुझे मिल जाता तो यह सब छोड़ देता
पता नहीं कितनी हजार रातों से जग रहा हूँ
जरा और मरण के इतने पास
एक बार तो एक आदमी ने मुझे ऐसे जकड़ लिया था जैसे
वह डूब रहा हो और मुझे भी खींच लेगा भँवर में
लगा जैसे मेरा छिलका उतर रहा हो और मैं भागा
कई रोज मैं बच्चों के स्कूल के बाहर स्कूल टूटने के इन्तजार में
खड़ा रहता कि वे अपनी कच्ची साँसों से मुझे धो दें
उफ मैं पेड़ होता बार बार पत्तियाँ बदलता
कोई पत्ती अपने पुराने पंख झाड़ता
कोई पहाड़ी नदी सूखती भरती
कई बार मन में बाँधा कोई और काम खोजूँगा

स्कूल की दरबानी या बच्चों का रिक्शा हाँकूँगा
पर धीरे धीरे ऐसा समय आता है
जब सारे रास्ते पानी में डूब जाते हैं
जब तुम्हारा सोचा कुछ नहीं होता
बस अंधड़ होता है और सेमल की रूई का फाहा
बस एक ही कोठरी बचती है पूरे शहर में खाली
श्मशान के पास।

## सम्बन्ध

तुम्हारी देह से छूटा हुआ पहला बच्चा
रो रहा था तुम्हारी देह के किनारे
और तुम्हारी छाती से दूध छूट नहीं रहा था
तुम हार गयीं, माँ भी और दादी
और तुम्हें घेर कर खड़ी थीं टोले की औरतें
      जिनकी साड़ियों के कोर गीले थे
मुझे बुलाया गया
सब हट गयीं एक एक कर
और माँ ने कहा तुम इसका थन
      मुँह से लेकर खींचो
और माँ भी बाहर हो गयी
खड़ा रहा मैं जैसे हत्या लगी हो

तुमने हुक खोले और
गाय की बड़ी-बड़ी आँखों से मुझे देखा
मैं काँप गया
दोनों स्तन इतने कठोर कैंता के फल से
और बच्चा रो रहा था एक ओर

नहीं कह सकता वह सुख था या शोक
मैं तुम्हारा देवर तुम्हारा पति या पुत्र
मैंने कण्ठ में रोक लिया था वह दूध

हम अलग हो चुके हैं अब
अलग अलग चूल्हे हैं हमारे
और अलग अलग जीवन
वह बच्चा भी अब सयाना है
और तुम भी ढल गयी हो

फिर भी मैं कह नहीं सकता
यह कैसा सम्बन्ध है
मैं तुम्हारा देवर तुम्हारा पति तुम्हारा पुत्र?

# निर्बल के गीत

**1**

हर रात डर लगता है
कोई भारी पत्थर मुझे दबाने लगता है
साँस फँसती है
दूर लगता है कहीं नगाड़ा बज रहा है
और वे किसी को ले जा रहे हैं बलि के लिए
इतना सन्नाटा है चारों तरफ इतनी धुन्ध
कभी भी कोई भी खबर आ सकती है
मैं जी रहा हूँ एक एक पल गिनता जौ जौ
अभी अगले पल कुछ भी हो सकता है
मेरी नाव डूब रही है मेरा घर गिर रहा है
मेरा रास्ता रसद सब बन्द
मेरे पैर के नीचे धरती फट रही है
मैं डूब रहा हूँ
डूब

**2**

मुझे इस तरह अकेला मत छोड़ो

रुको मैं भी तैयार हो लूँ
बस चप्पल डाल लूँ
नहीं मैं नंगे पाँव चल रहा हूँ
रुको तो मुझे छोड़ो मत
बाहर से ताला मत दो
मुझे खोल दो मुझे भी चलने दो वहाँ
जहाँ सब जा रहे हैं
किसलिए बचा रहूँगा मैं इस सुनसान घर में
किसकी याददाश्त।

**3**

इससे ज्यादा दखल मैं चाहता भी नहीं
जितना पानी का पेड़ में ओस का दूब में
जो हवा का शाखों में नभ का नदी में
उतना ही दखल जितना किराएदार का घर में
तुम तो पानी हो तुम हवा हो तुम नभ
तुम एक घर
बन्द मत करो द्वार
नहीं मुझे इस रात मत छोड़ो शीत में
बाहर

**4**

नहीं मुझे ढूँढ़ना मत
अगर रात भर घर न लौटूँ
कोई खोज कोई पूछताछ कोई इश्तहार नहीं
अगर मैं हफ्ता दस दिन घर न लौटूँ
कोई काम रोकना मत
कभी शाम को भी इन्तजार नहीं
समझना मैं हूँ कहीं न कहीं

जैसे दुनिया में इतने लोग हैं जिन्हें हम जानते नहीं
नहीं मुझे ढूँढ़ना मत
मैं कभी खोऊँगा नहीं
मैं वहीं धूल में दबे सिक्के सा
कभी अचानक चमक उठूँगा चाँद रात में

**5**

कोई कुछ नहीं देगा
एक शाम भोजन भी नहीं रात भर आसरा तो दूर
जब तुम सब कुछ खोकर खाली हाथ
अपने ही घर लौटोगे शाम को
तब पाओगे वह तुम्हारा घर नहीं
किसी दोस्त को पुकारोगे वह मुड़ेगा और आगे चल देगा
इस चलती चक्की से छिटक जो दाना
बाहर गिरा वह फिर बाहर ही बिलखेगा
जो बचा रहा भीतर वह पिसेगा गात्र गात्र

**6**

किसी से कोई उम्मीद नहीं
न आसरा है किसी सहारे का
ये हाथ भी न रहें ये पैर भी
आँखें न रहें न कान न जीभ
बस साँस रहे तब तक जानता हूँ
    जीता रहूँगा
उस पेड़ की तरह जिस पर ठनका गिरा
उस कुत्ते की तरह जिसकी देह में खौरा है
उस पक्षी की तरह जिसके पंख झड़ रहे हैं
मैं एक टूटी सड़क की तरह जिन्दा रहूँगा
एक सूखी नदी की तरह अगले आषाढ़ तक

## गया

घुटे हुए माथों से पटा हुआ शहर
रेत सनी धूप में ऊँघता श्लथ
छलछलाता पीपल में बचा हुआ जल
फल्गु का

कोई भटकती आत्मा बार बार पीटती है किवाड़
अचानक खुलता है भारत टाकीज का दरवाजा परदे के पास
एक रोशनी छुट कर गिरती एक तेज आवाज फिर घुटती
रैयतों के पसीने से सनी हैं शाम को सराय की सड़कें
दूर बिसार तालाब में पानी अन्तिम ज्योति आँख की

इतने तर्पण के बाद भी कौन पितर हैं वे जो तृप्त नहीं
वे कौन से पितर जो उलट उलट लौटते हैं इसी धधकती धरा पर
ढूँढ़ते अपना पिण्ड चूल्हों की राख में

सुनसान लम्बी सड़क पर अकेला चला जा रहा एक बच्चा
और उसे घेरती हैं प्रेतात्माएँ हजारों साल पुरानी जर्जर

## पीछे से

कितना साफ आकाश है
पानी से पोंछा हुआ दूर ऊपर उठा उठता जाता नील
बादलों के तबक कहीं कहीं
और इतने पंछी उठ रहे झुक रहे
हवा बस इतनी कि भरी है सब जगह
और एक चिड़िया वहाँ अकेली छोटी ठहरी हुई
जिन्दगी की छींट

कितना सुन्दर है संसार दिन के दो बजे
मनोहर शान्त
और यह सब मैं देख रहा हूँ गुलेल के पीछे से।
**(एक पुनर्रचना)**

# वित्त मंत्री के साथ नाश्ते की मेज पर
**(एक तस्वीर)**

यही एक तस्वीर है जहाँ मेरा चेहरा थोड़ा दब गया है
और मुझसे पूरी तरह मिलता भी नहीं
पीछे न तो तारीख है न स्थान
पूरी मेज भोजन से भरी है
इतनी भरी कि मेरी भूख ही मर गयी

अभी अभी दिवालिया हुए थे बैंक
करोड़ों करोड़ बेराजगार मधेपुरा में बाढ़ दिल्ली में दहशत
सड़कें भुक्खड़ों से पढ़ीं चारों ओर एक हूक

मेरा सौभाग्य था जो मैं वित्त मंत्री के साथ था उस सुबह
नाश्ते की मेज पर
चलते समय उन्होंने उपहार दिया–एक छुरी एक काँटा
मेड इन अमेरिका–और प्यार से कन्धा थपथपा
राष्ट्रभाषा में कहा–टेक केयर यंग मैन! टेक केयर!

## शायर की कब्र
**(नज़ीर अकबराबादी के प्रति)**

न वहाँ छतरी थी न घेरा
बस इक सिलवट थी मिट्टी से उठती
मानो कोई सो गया हो लेटे लेटे—
जिस पर उतनी ही धूप गिरती जितनी बाकिया धरती पर
उतनी ही ओस और बारिश—
और दो पेड़ थे आसपास बेरी और नीम के।

दिन भर कूदते वहाँ मेमने गौरैया और बच्चे
और दिन ढलते जुट आता सारा मोहल्ला
तिल के लड्डू वाले, गंडे ताबीज़ वाले
डुगडुगी बजाता जमूरा रीछ का बच्चा लिए
और रात कोई थका हारा मँगता सो रहता सट कर।

वो सब कुछ सुनता
एक एक तलवे की धड़कन एक एक पतंग की हरकत
हर रेशे का अन्दर ख़ाक़ में सरकना

हर ज़र्रे का एक रंग में खिलना और ऊपर परिन्दे
हवा को धुनते

वो महज एक कब्र थी जिन्दगी की गोद
जहाँ हर वसन्त में लगते हैं मेले
जहाँ दो पेड़ हैं पास पास बेरी के नीम के।

# निगेटिव फोटो

खूब साफ चमकती रोशनी से गूँजती तस्वीरों से ज्यादा अच्छी लगती हैं पुरानी पीली कौड़ियों के रंग की तस्वीरें जहाँ रोशनी बस इतनी कि अन्धकार में आकार उठ सकें। लेकिन उनसे भी ज्यादा गर्भवती हैं वे निगेटिव तस्वीरें जहाँ सब कुछ रहस्य है। जहाँ सब कुछ हो चुका है। फिर भी जहाँ सब कुछ नहीं हुआ। जो अभी भी आरम्भ है। जहाँ हर चेहरा किसी और का चेहरा हो सकता है। जो भ्रूण है जीवन का गिट्ठा और जो वयस्क है प्रस्फुटित। जो रंग भी है और स्याह भी। जो दोनों तरफ है पार पार। जहाँ अन्धकार और प्रकाश अपनी लड़ाई अभी भी लड़ रहे हैं। जो है। जो नहीं है। मेरी स्मृति खुद एक निगेटिव फोटो में बदलती जा रही है। मुझे यह संसार एक निगेटिव फोटो सा क्यों दिख रहा है?

❖ ❖ ❖